Dieses Buch gehört:

_____

Liebe Eltern, liebes Kind,

herzlich willkommen in diesem Buch!

In diesem Buch erwarten euch viele tolle Aufgaben, die es zu lösen gilt.

Mein Ziel ist es, lehrreiche Übungen mit einer Menge Spaß zu verbinden.

Ich hoffe, dass auch euch dieses Buch viel Freude bereitet

und eine lehrreiche Beschäftigung ist.

Ich wünsche euch von Herzen viel Spaß

mit diesem Buch!

Lilly Wiesmann

ISBN 978-3-98724-080-5
©LernLux Verlag

Der Buchstabe A

A wie Anker

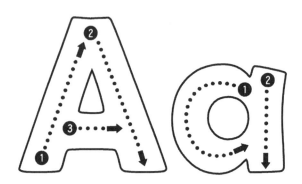

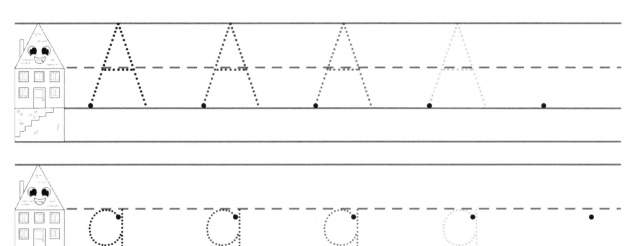

Finde den richtigen Weg zu dem Buchstaben A

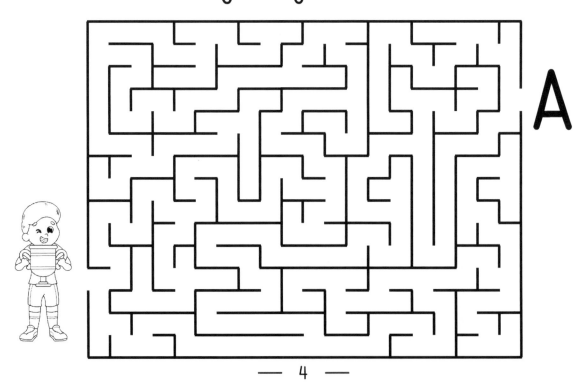

A

Der Buchstabe B

B wie Biene

Finde den richtigen Weg zu dem Buchstaben B

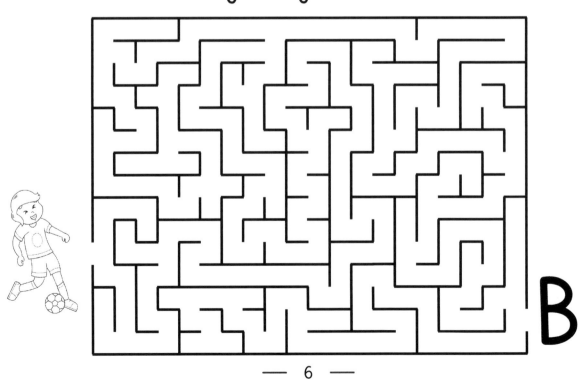

B

Der Buchstabe C

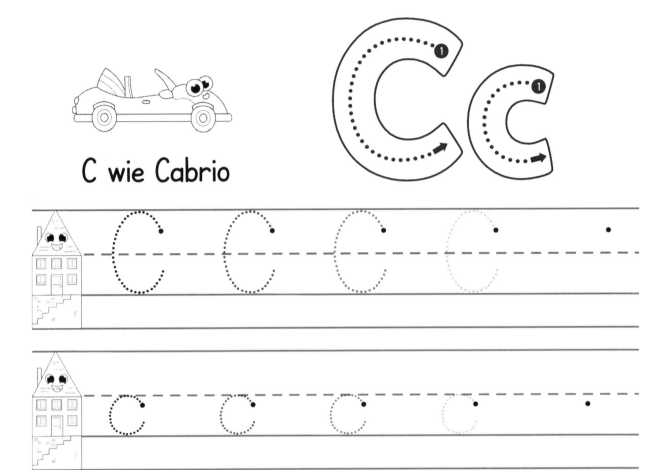

C wie Cabrio

Finde den richtigen Weg zu dem Buchstaben C

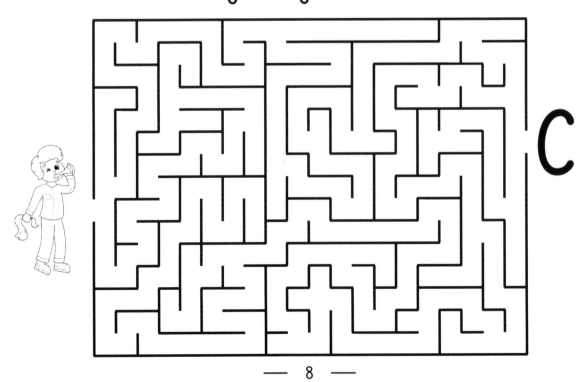

C

Der Buchstabe D

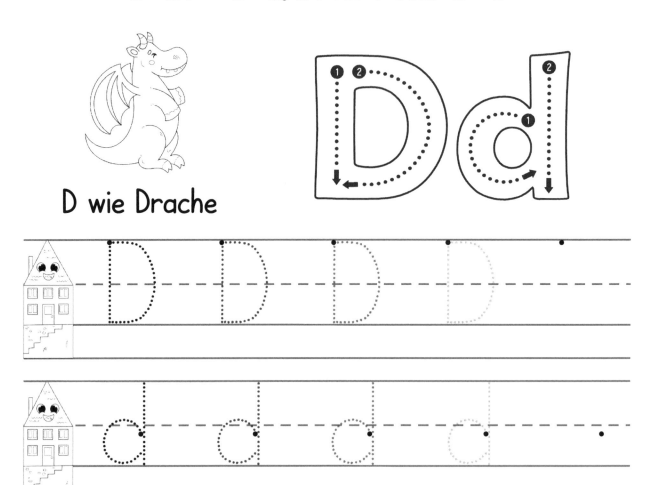

D wie Drache

Finde den richtigen Weg zu dem Buchstaben D

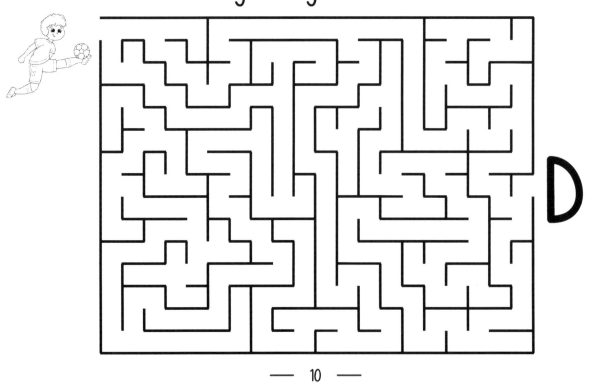

D

Der Buchstabe E

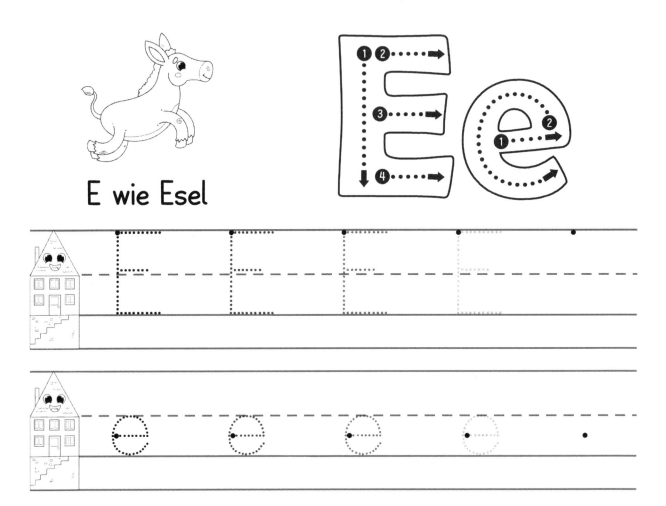

E wie Esel

Finde den richtigen Weg zu dem Buchstaben E

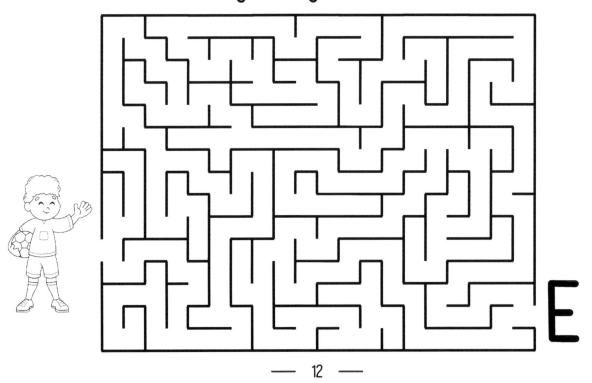

E

Der Buchstabe F

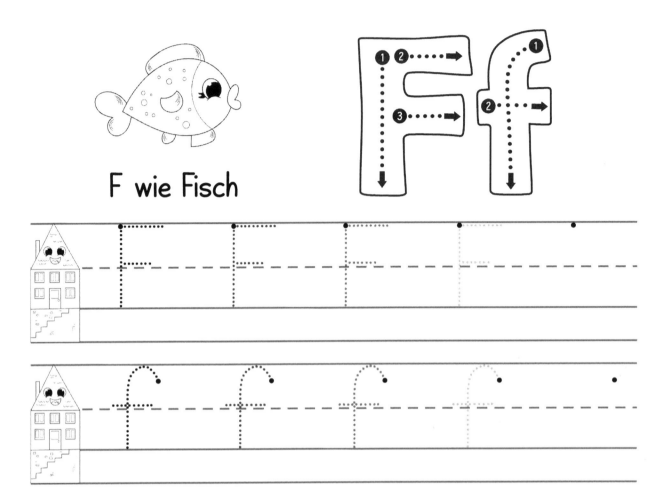

F wie Fisch

Finde den richtigen Weg zu dem Buchstaben F

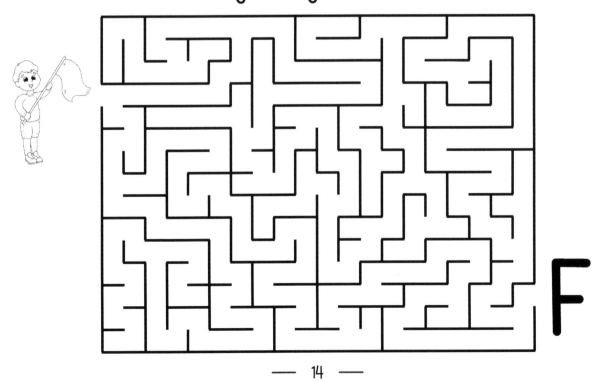

F

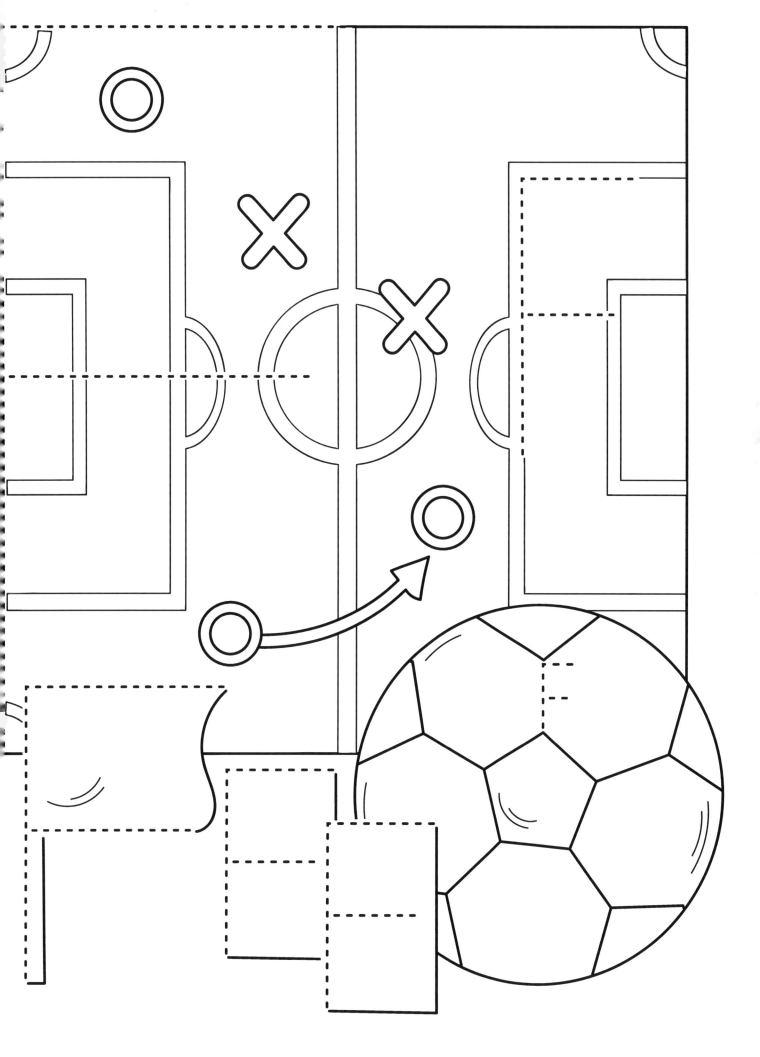

Der Buchstabe G

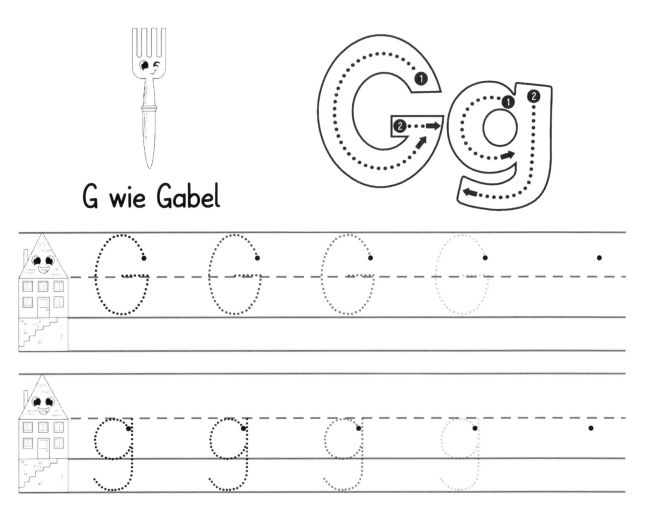

G wie Gabel

Finde den richtigen Weg zu dem Buchstaben G

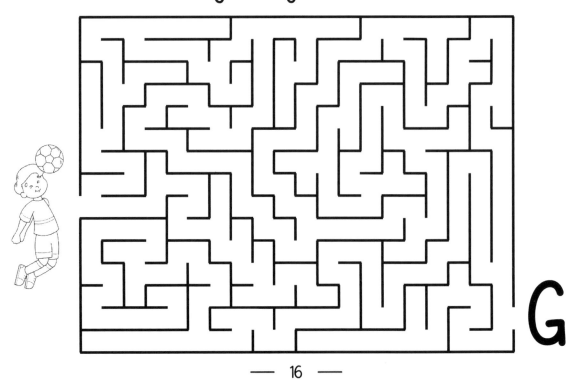

G

Der Buchstabe H

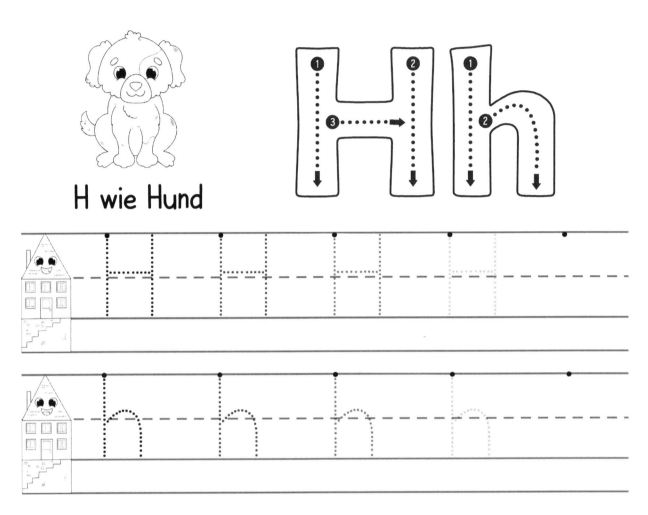

H wie Hund

Finde den richtigen Weg zu dem Buchstaben H

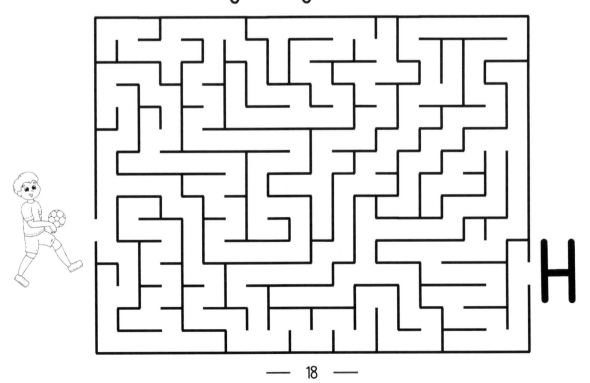

H

Der Buchstabe I

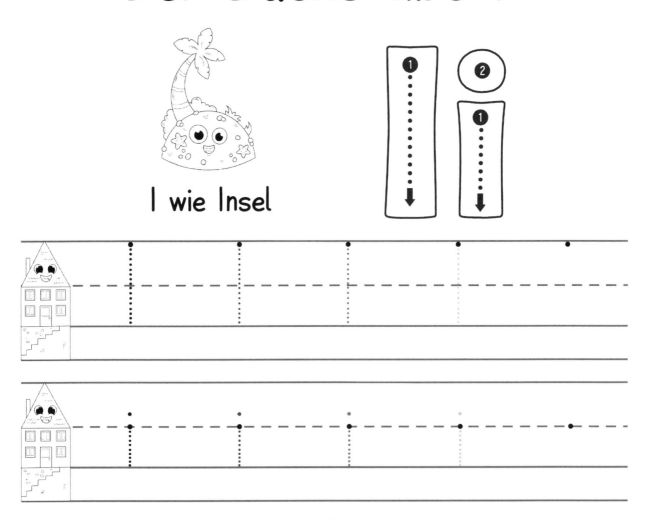

I wie Insel

Finde den richtigen Weg zu dem Buchstaben I

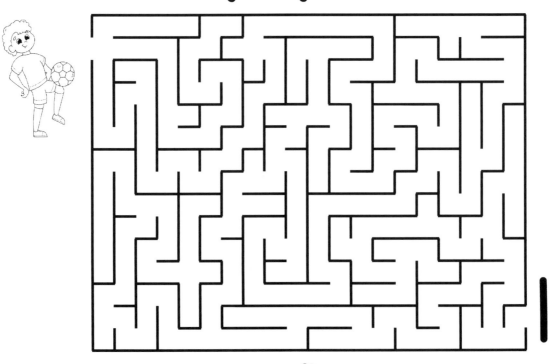

Der Buchstabe J

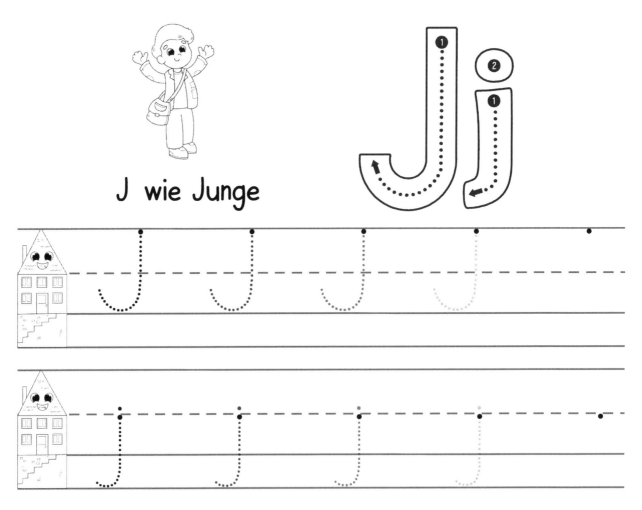

J wie Junge

Finde den richtigen Weg zu dem Buchstaben J

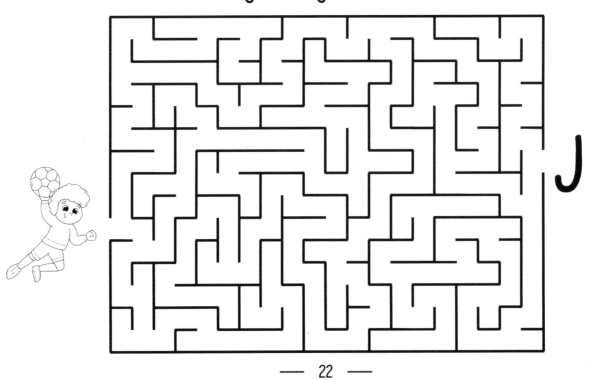

J

Der Buchstabe K

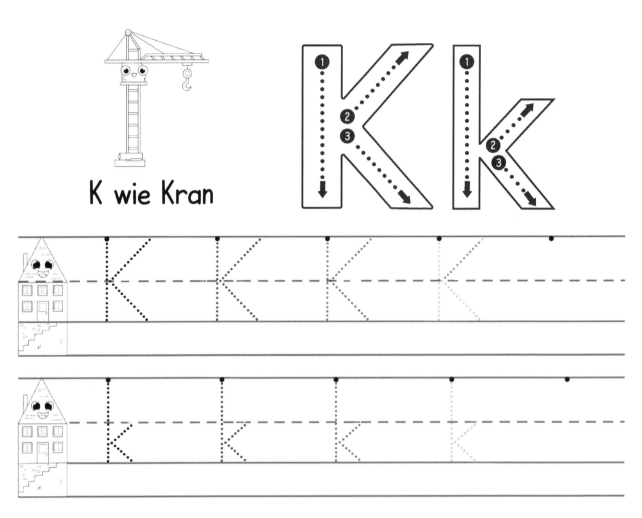

K wie Kran

Finde den richtigen Weg zu dem Buchstaben K

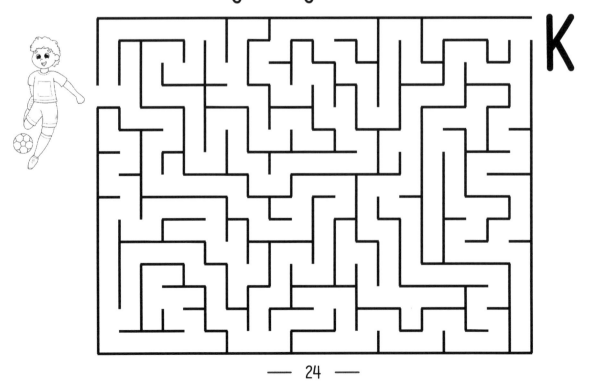

K

Der Buchstabe L

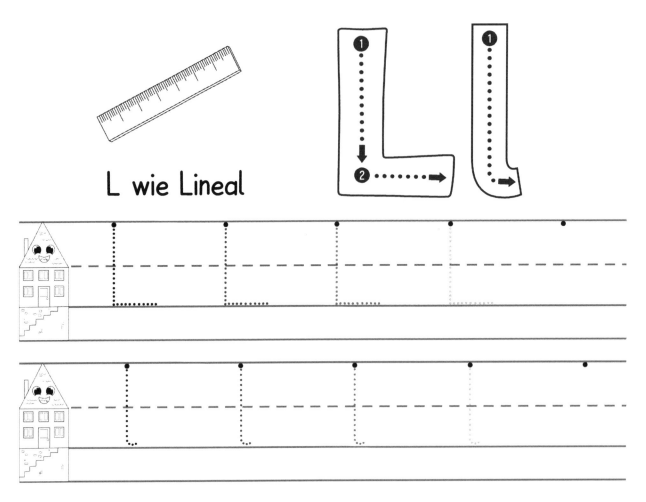

L wie Lineal

Finde den richtigen Weg zu dem Buchstaben L

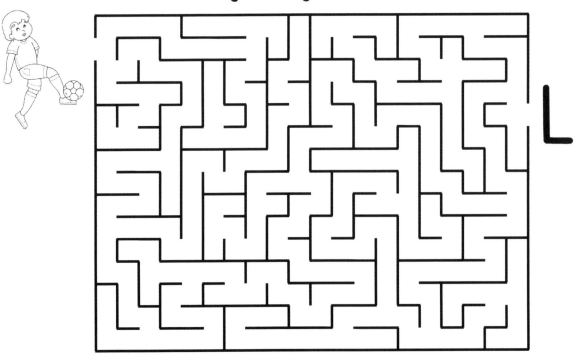

L

Der Buchstabe M

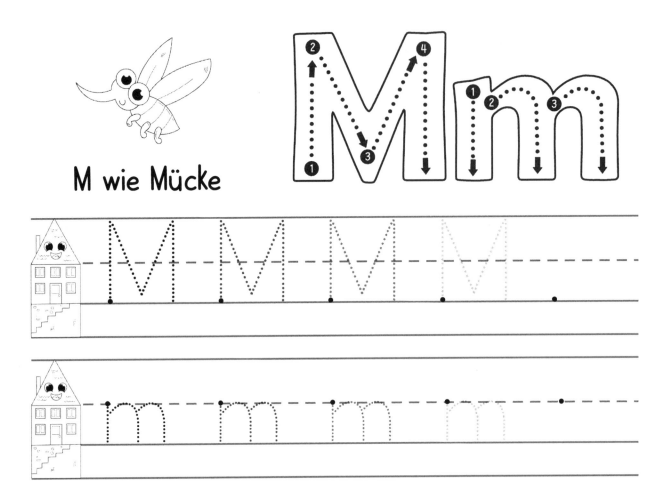

M wie Mücke

Finde den richtigen Weg zu dem Buchstaben M

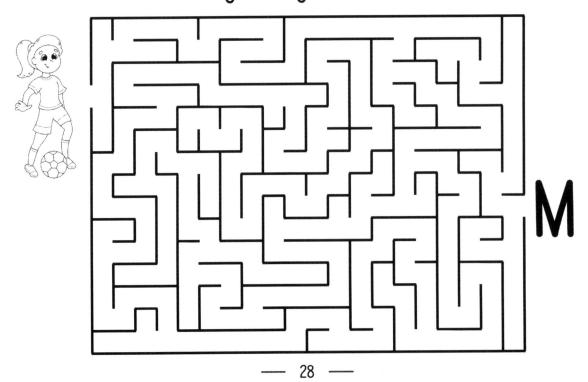

M

Der Buchstabe N

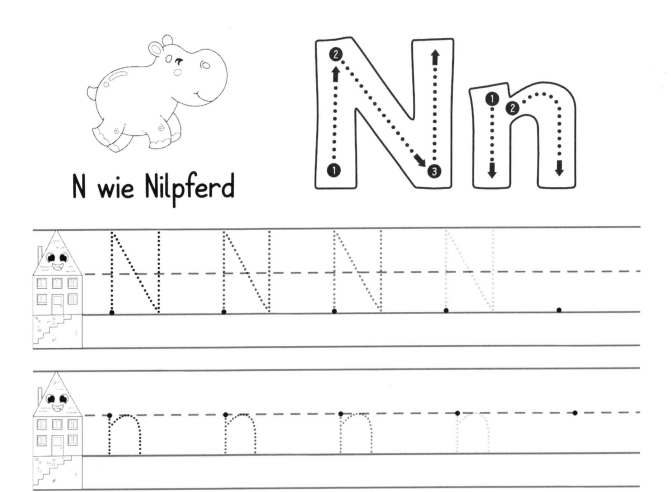

N wie Nilpferd

Finde den richtigen Weg zu dem Buchstaben N

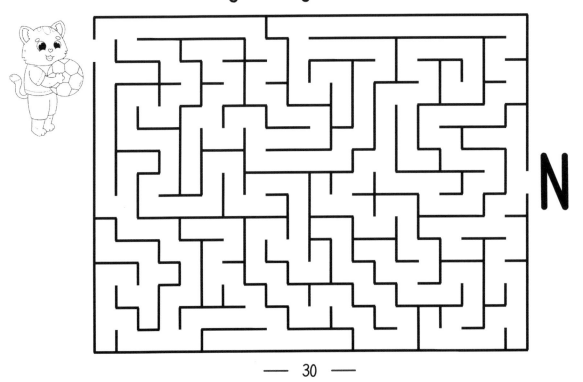

N

Der Buchstabe O

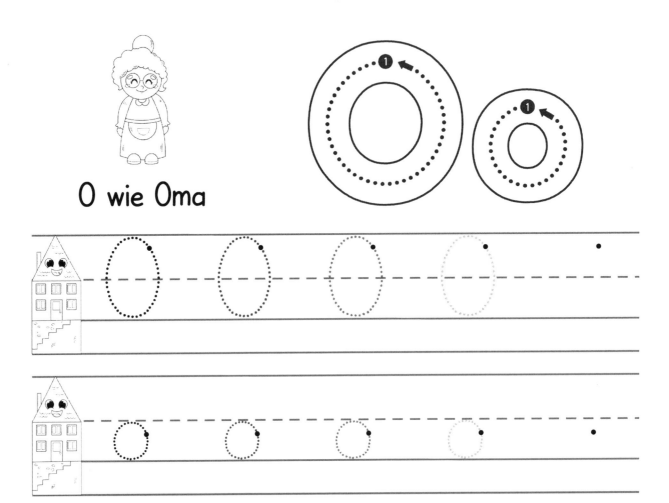

O wie Oma

Finde den richtigen Weg zu dem Buchstaben O

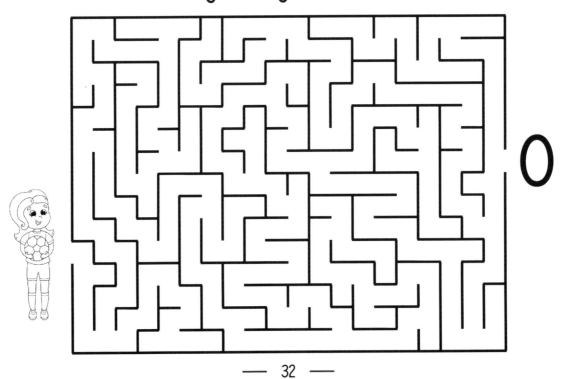

O

Der Buchstabe P

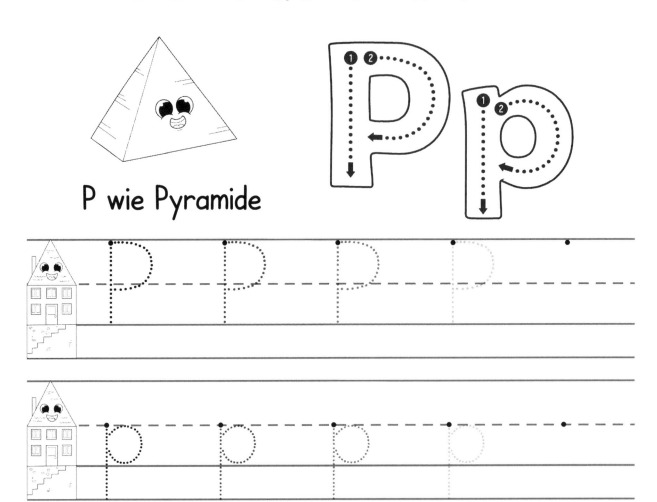

P wie Pyramide

Finde den richtigen Weg zu dem Buchstaben P

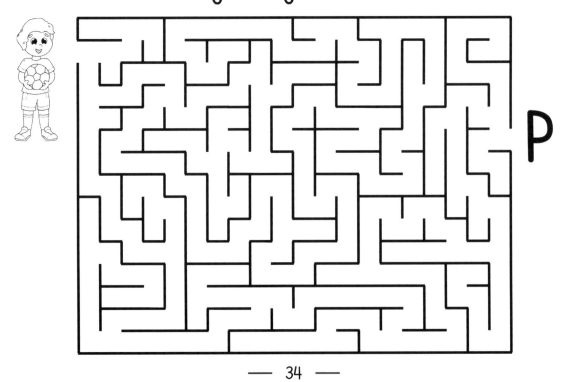

P

Der Buchstabe Q

Q wie Qualle

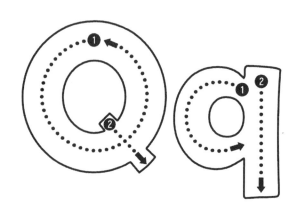

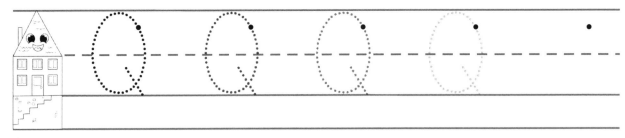

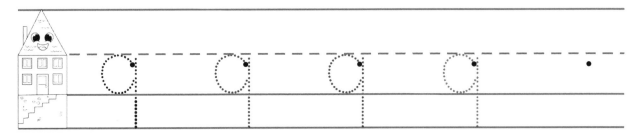

Finde den richtigen Weg zu dem Buchstaben Q

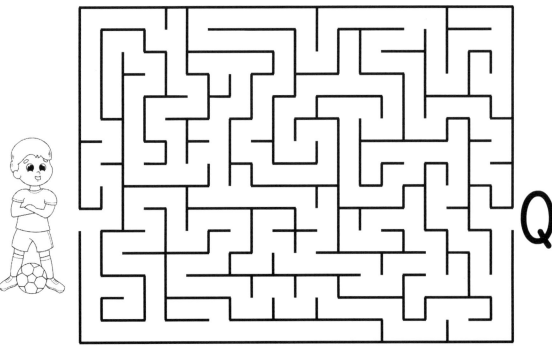

Der Buchstabe R

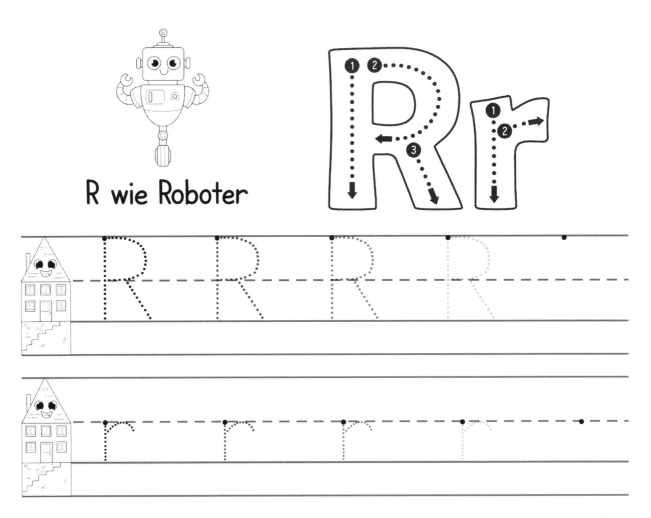

R wie Roboter

Finde den richtigen Weg zu dem Buchstaben R

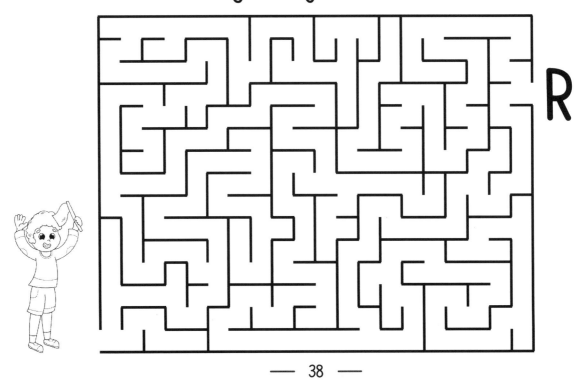

R

Der Buchstabe S

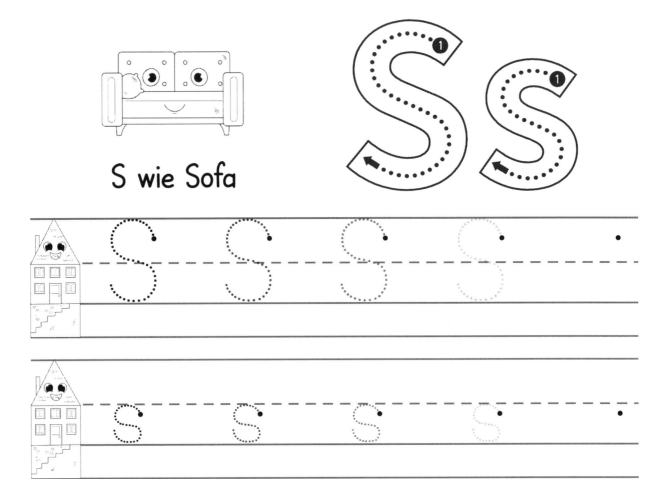

S wie Sofa

Finde den richtigen Weg zu dem Buchstaben S

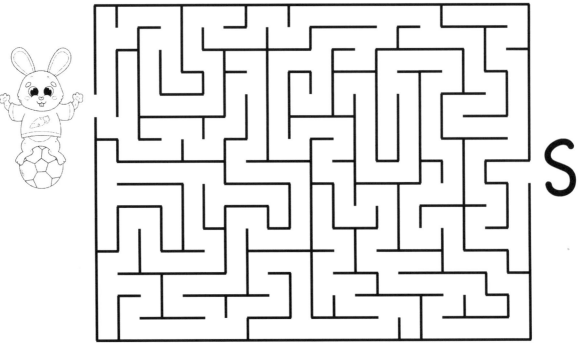

S

Der Buchstabe T

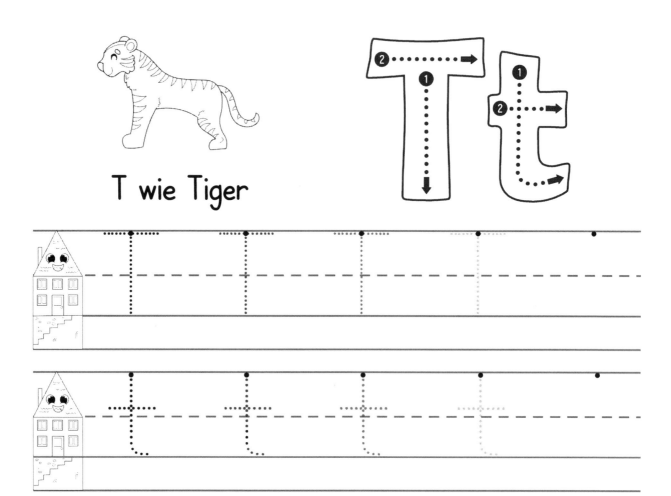

T wie Tiger

Finde den richtigen Weg zu dem Buchstaben T

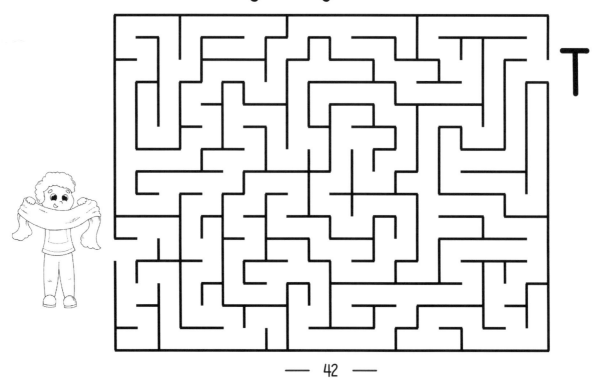

T

Der Buchstabe U

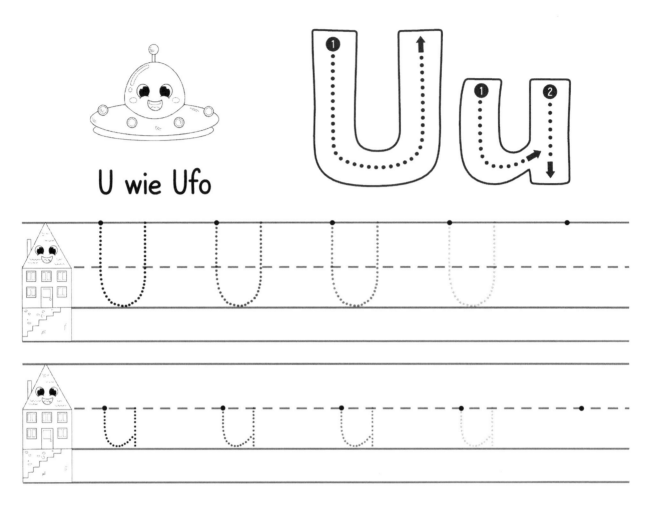

U wie Ufo

Finde den richtigen Weg zu dem Buchstaben U

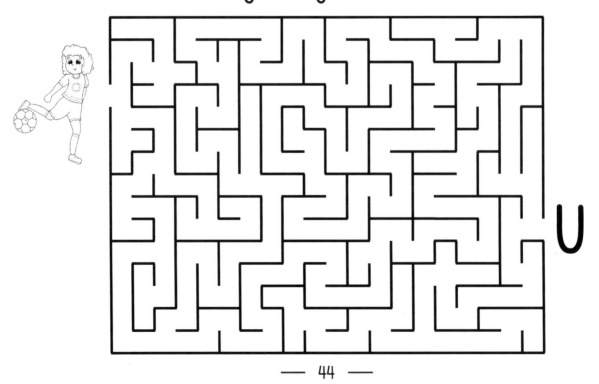

U

Der Buchstabe V

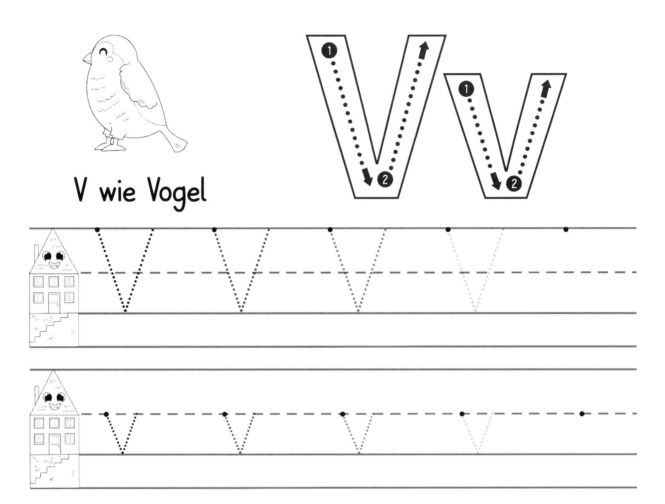

V wie Vogel

Finde den richtigen Weg zu dem Buchstaben V

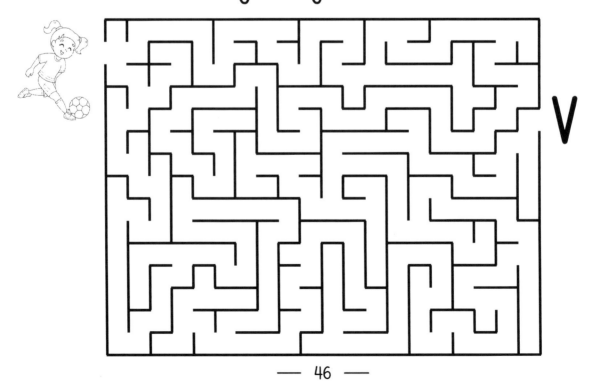

V

Der Buchstabe W

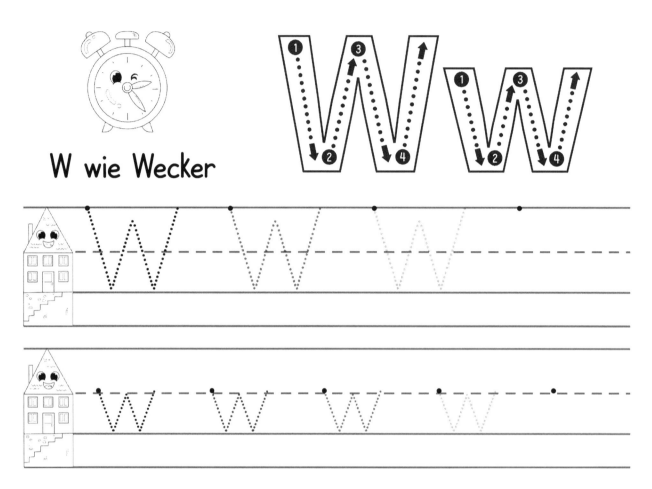

W wie Wecker

Finde den richtigen Weg zu dem Buchstaben W

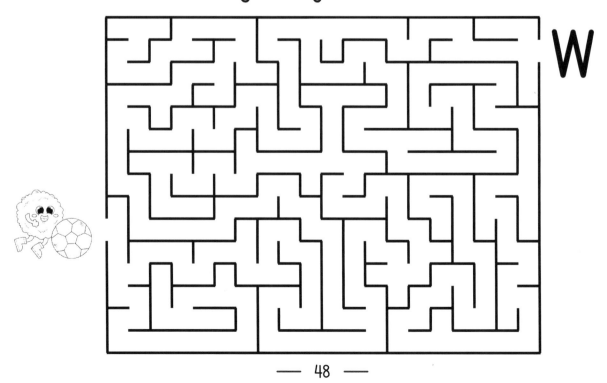

W

Der Buchstabe X

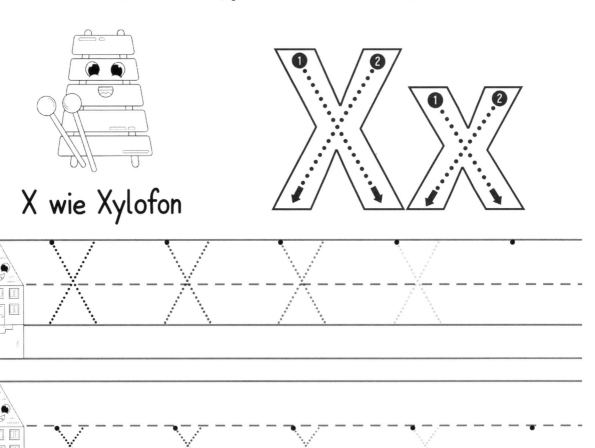

X wie Xylofon

Finde den richtigen Weg zu dem Buchstaben X

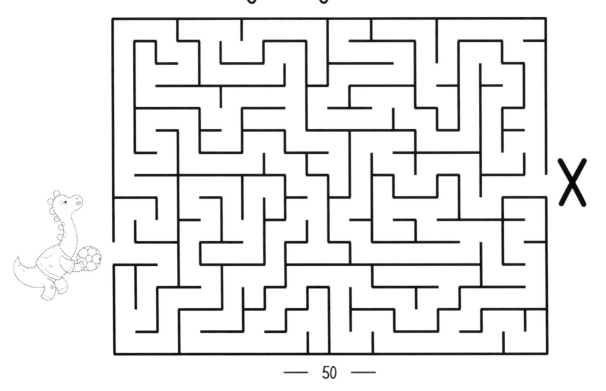

X

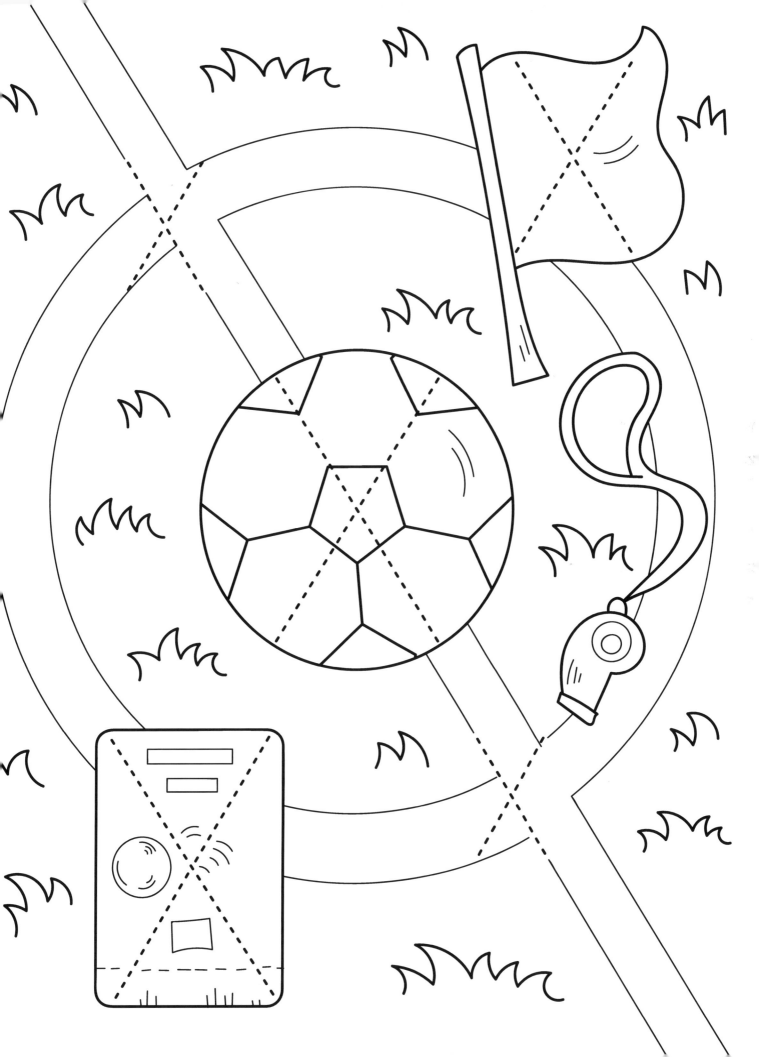

Der Buchstabe Y

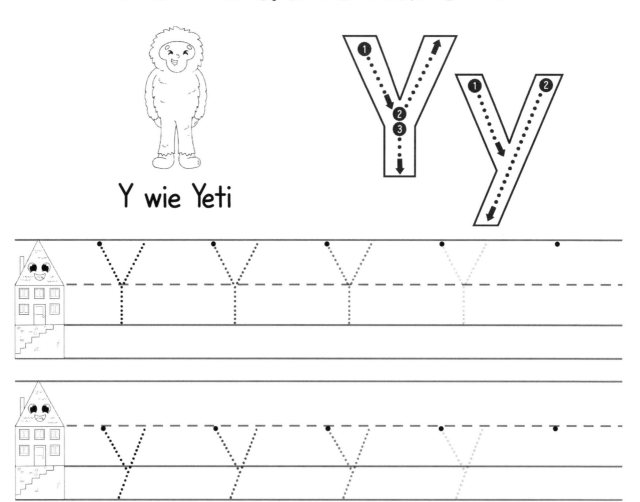

Y wie Yeti

Finde den richtigen Weg zu dem Buchstaben Y

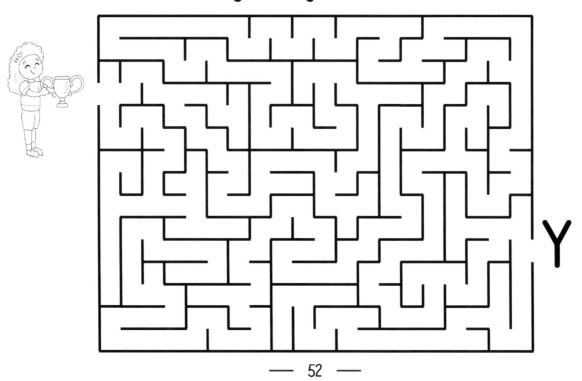

Y

Der Buchstabe Z

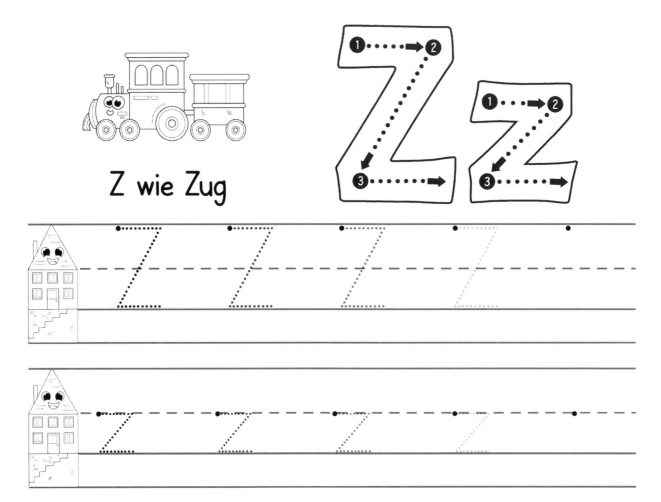

Z wie Zug

Finde den richtigen Weg zu dem Buchstaben Z

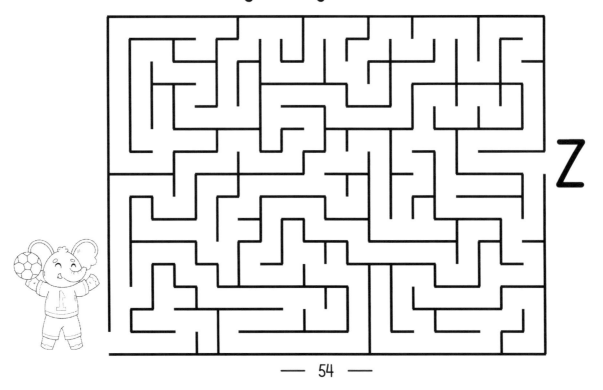

Z

Hier kannst du schwierige Buchstaben nochmal wiederholen!

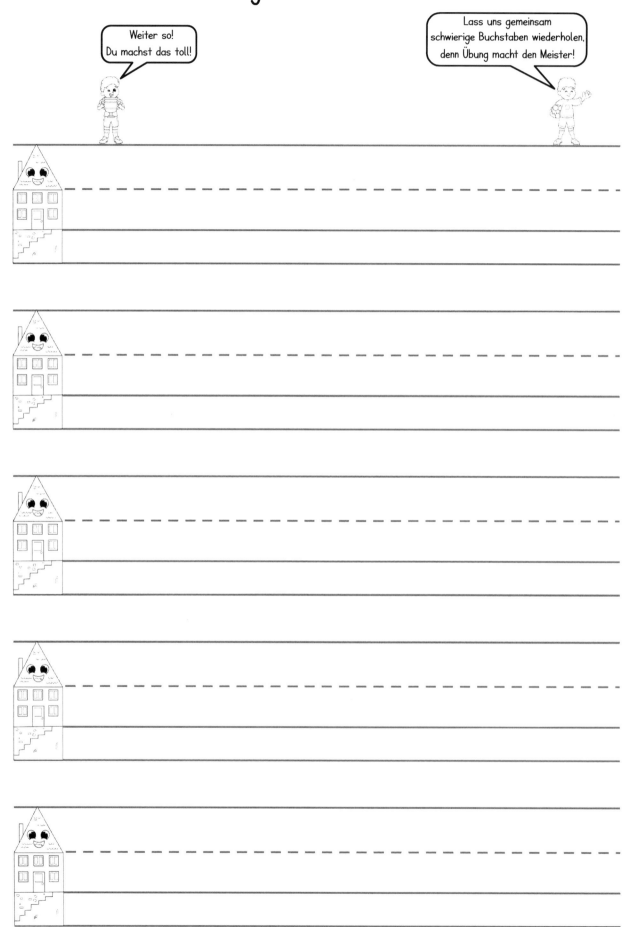

Verbinde 2 passende Hälften miteinander!

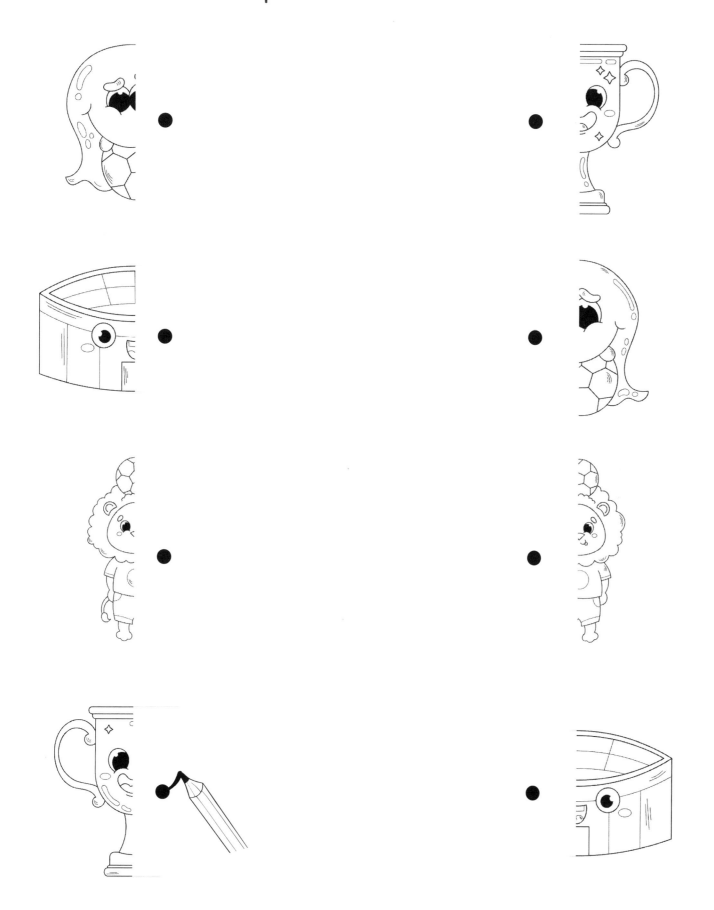

Verbinde was zusammengehört!

Kreise alle Bilder ein, die in die gleiche Richtung zeigen!

Rechts oder links?
Zeichne die richtige Pfeilrichtung ein!

Welcher Schatten gehört zu welchem Bild?
Verbinde richtig!

Rechts oder links?
Male den richtigen Pfeil aus!

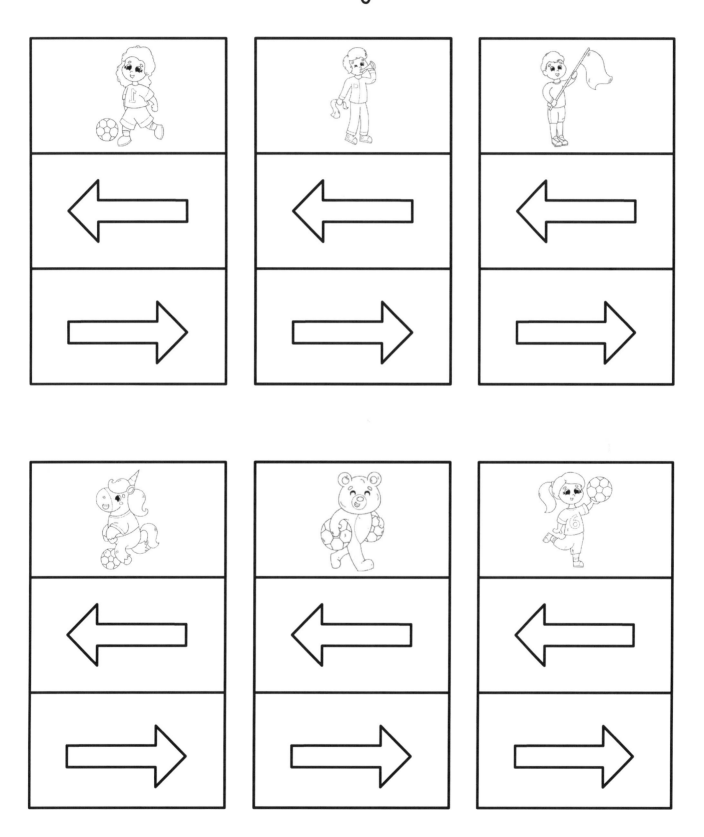

Rechts oder links?
Male alle Fußballerinnen, die nach rechts gehen, rot aus und alle Fußballerinnen, die nach links gehen, blau aus!

Welcher Schatten gehört zu welchem Bild?
Verbinde richtig!

Links oder rechts?
Kreuze den richtigen Kreis an!

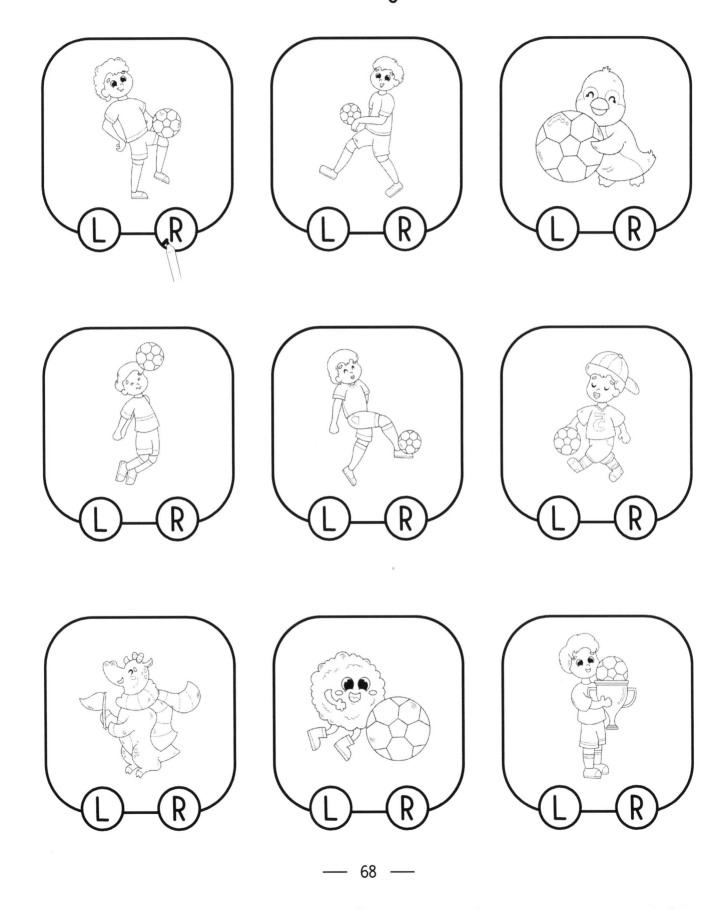

Verbinde 2 passende Hälften miteinander!

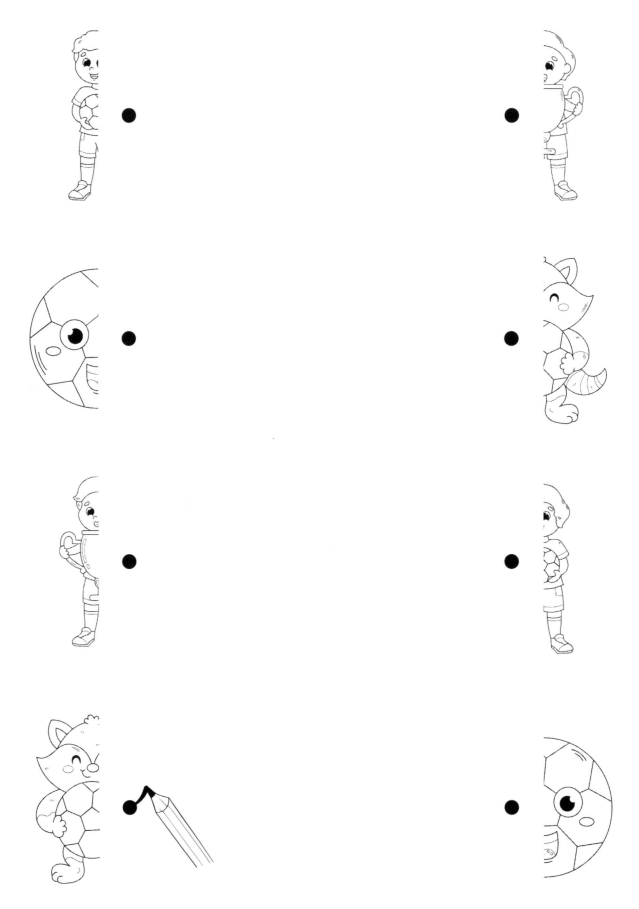

Ein Bild sieht genau so aus, wie das im linken Kästchen!
Kannst du es finden?

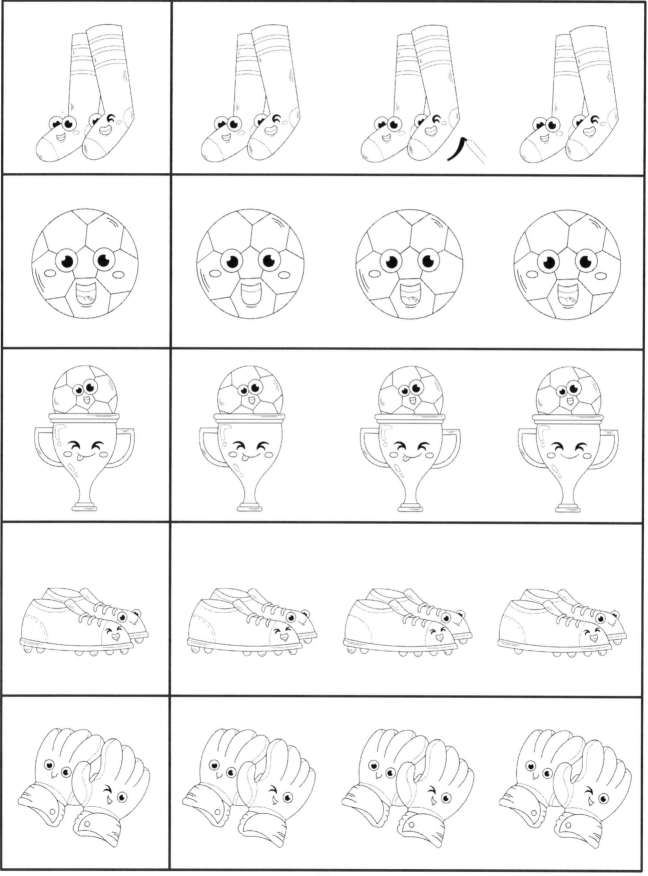

Ein Bild sieht genau so aus, wie das im linken Kästchen!
Kannst du es finden?

Welcher Schatten gehört zu welchem Bild?
Verbinde richtig!

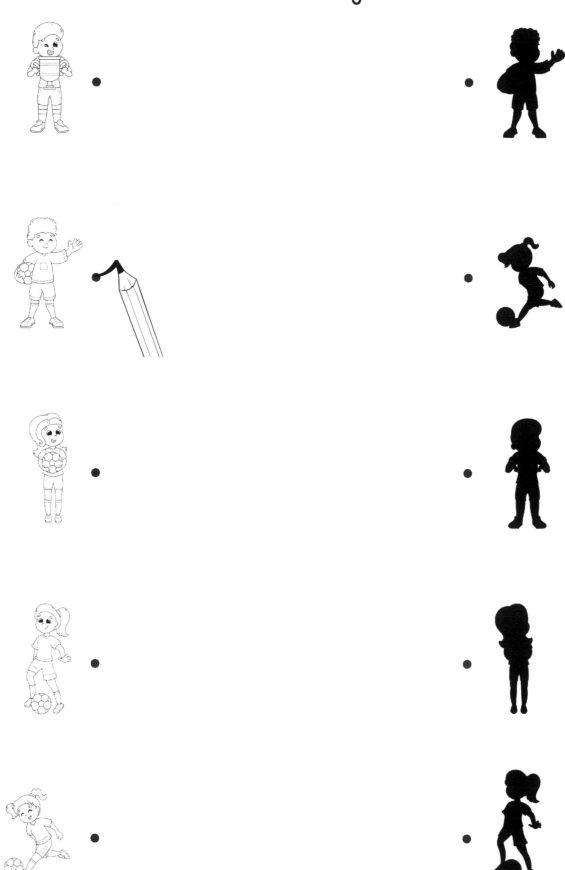

Kannst du alle Fußballspieler finden und ankreuzen?

Suche in dem Gitter nach den Fußballspielern und kreuze sie an!

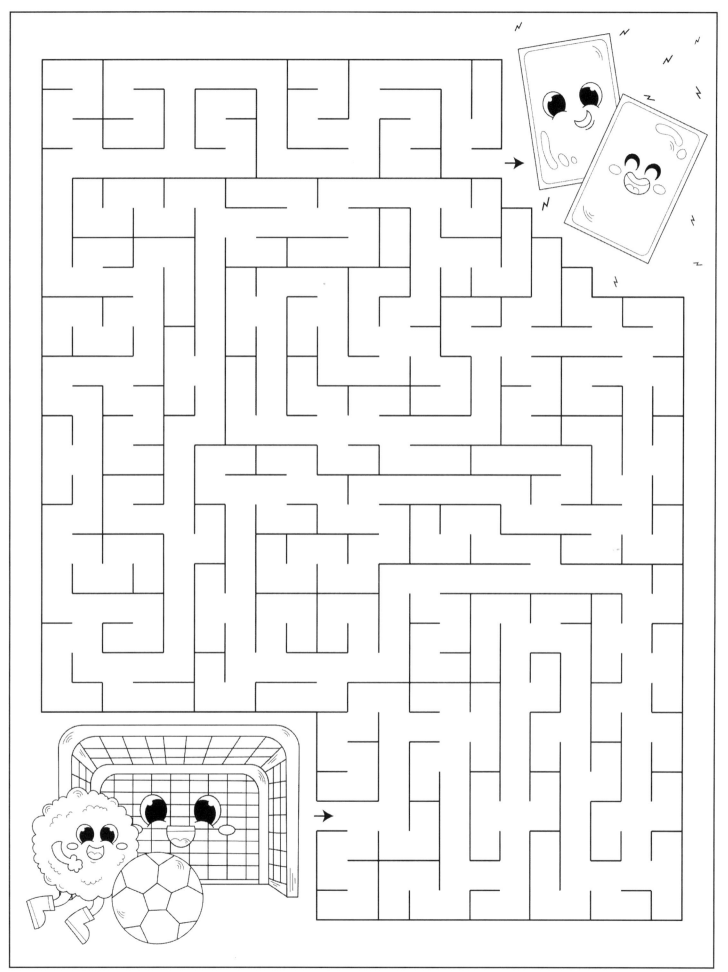

Ein Buchstabe passt in jeder Reihe nicht dazu!
Schreibe diesen Buchstaben in den Kreis!

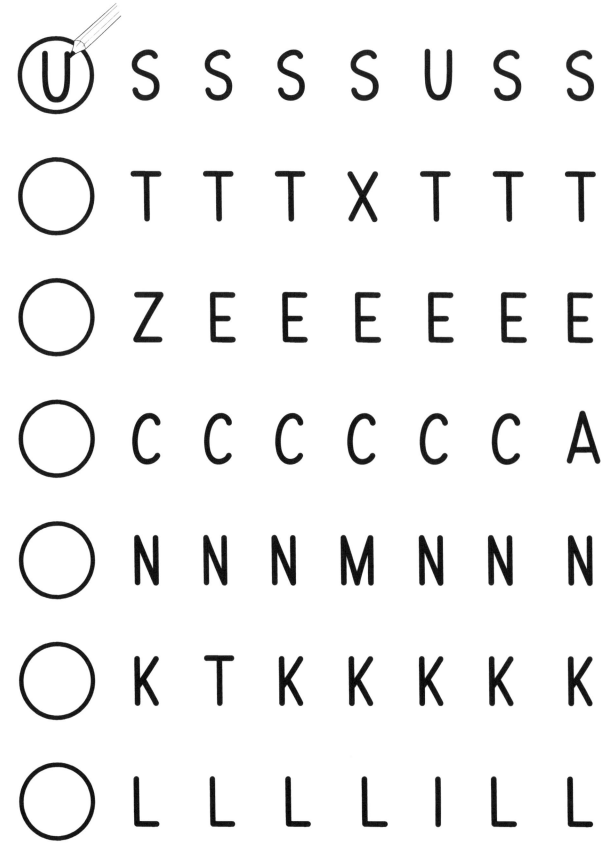

Ⓤ S S S S U S S

◯ T T T X T T T

◯ Z E E E E E E

◯ C C C C C C A

◯ N N N M N N N

◯ K T K K K K K

◯ L L L L I L L

Welcher Schatten gehört zu welchem Bild?
Verbinde richtig!

Buchstaben und Wörter sprechen lernen!
Kreuze alle Wörter an, die mit einem A beginnen und spreche sie laut aus!

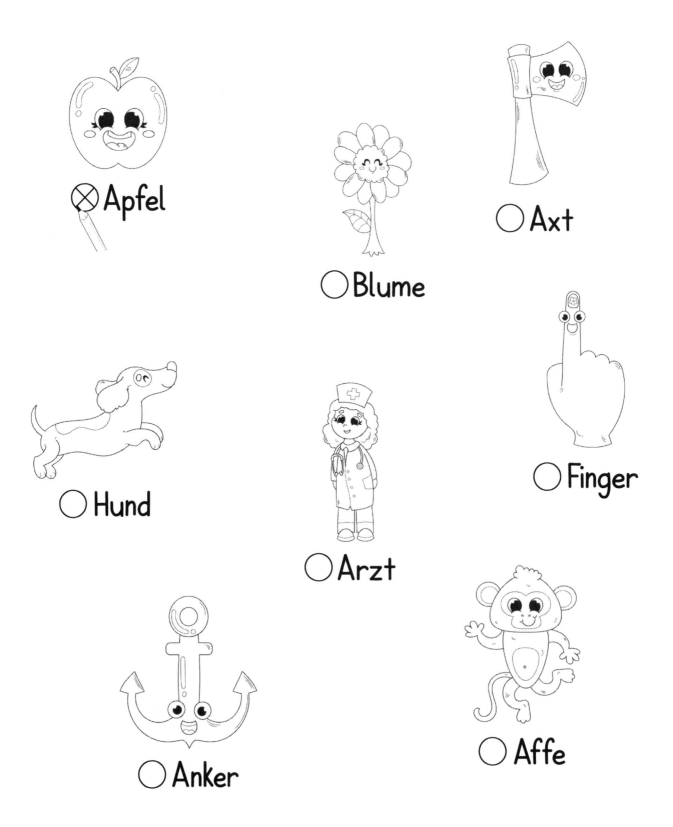

⊗ Apfel

○ Blume

○ Axt

○ Hund

○ Arzt

○ Finger

○ Anker

○ Affe

Buchstaben suchen und einkreisen!
Kannst du Felix helfen, die richtigen Buchstaben einzukreisen?

Finde den richtigen Kleinbuchstaben!

D •   • t

R •   • d

H •   • n

T •   • h

N •   • b

B •   • r

Welcher Schatten gehört zu welchem Bild?
Verbinde richtig!

Suche in jeder Reihe die passenden Buchstaben und kreise sie ein!

O	W O C Y O P

P	T R S P V P

Q	Q T Q X Y R

R	R S B N I A

S	S D S R G S

T	Z T C Y T S

U	U W F M P D

Zeichne unter jedes Bild die passende Pfeilrichtung!

Verbinde das richtige Wort mit dem richtigen Bild!

 •

• Bus

 •

• Rakete

 •

• Roboter

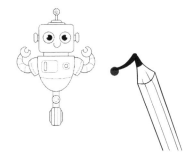

• Nashorn

 •

• Rutsche

Die Zahl 0

null

Wir lernen die Zahl 0 schreiben!

Kreise die Zahl 0 ein!

4 1 0 5 6 7 0

0 9 8 0 0 2 4

6 3 7 1 3 9 8

0 2 0 5 0

Die Zahl 1

Wir lernen die Zahl 1 schreiben!

eins

Kreise die Zahl 1 ein!

9   3   5   0   5   4

6   2   1   7   5   1   0

    6   4   3

2   8   9   2   8   3

4   7   (1)   1

Die Zahl 2

zwei

Kreise die Zahl 2 ein!

7   1   4   2   0   2   5

2   9   3   4   6   7

3   5   8   0   8   9   2

2   6   2   ②   2   1

Die Zahl 3

drei

Wir lernen die Zahl 3 schreiben!

Kreise die Zahl 3 ein!

4 3 5 1 0 3 3
      6
3 4 8 7 3 5 9
                  8
3   0
6 2 2 3 9
              1 7 3

③

Die Zahl 4

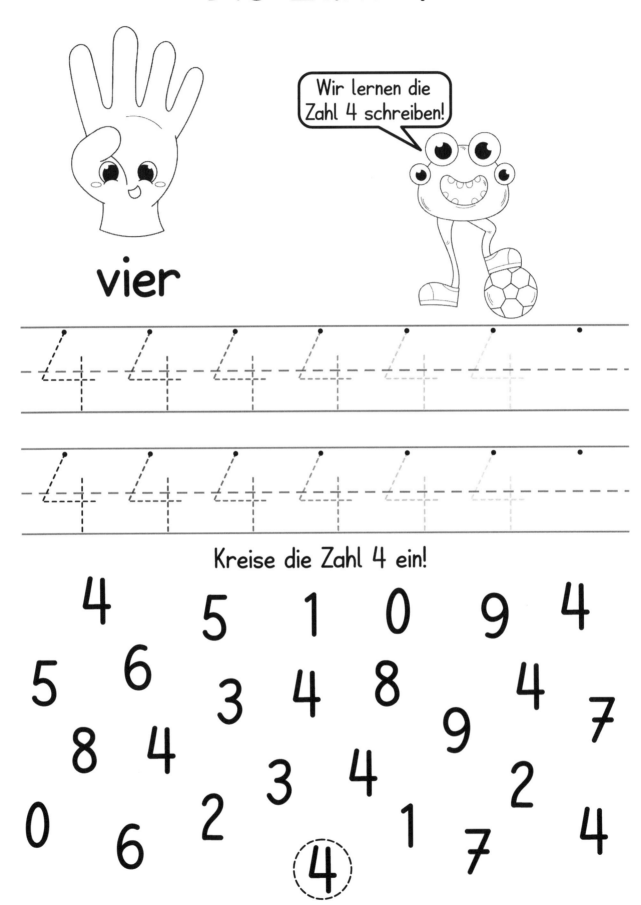

vier

Wir lernen die Zahl 4 schreiben!

Kreise die Zahl 4 ein!

4 5 1 0 9 4

5 6 3 4 8 4 7

8 4 9

0 6 2 3 4 1 2 4

7

④

Die Zahl 5

fünf

Wir lernen die Zahl 5 schreiben!

5 5 5 5 5 5 5

5 5 5 5 5 5 5

Kreise die Zahl 5 ein!

4 1 4 1 5 9

8 5 2 5 7 3 5

0 6 9 3 6 5 7

5 2 5 ⑤ 0 8

Die Zahl 6

sechs

Wir lernen die Zahl 6 schreiben!

Kreise die Zahl 6 ein!

6 4 1 6 4 9
3 6 0 2 6
7 8 3 5 8 0
6 5
7 2 6 6 1 9 6

Die Zahl 7

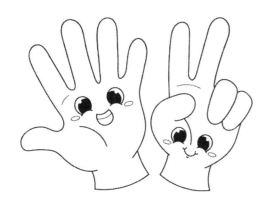

sieben

Kreise die Zahl 7 ein!

4   7   5   1   3   7

8   6   2   7   4   5

                                   7   0   7

6   1   9   3

7   2   7   8   0   9

7

Die Zahl 8

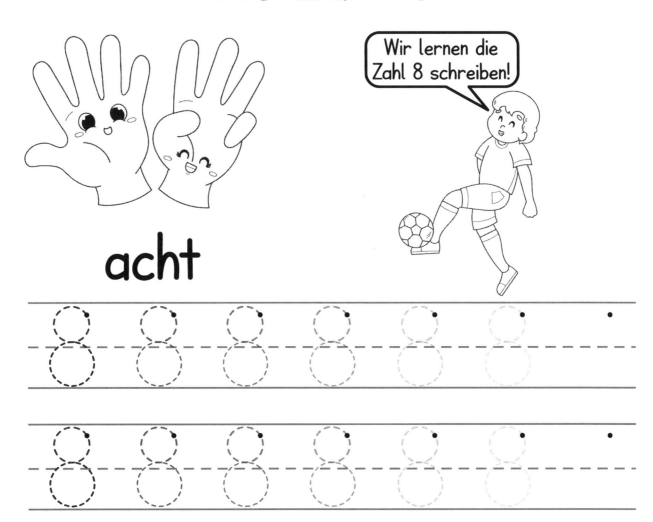

acht

Wir lernen die Zahl 8 schreiben!

Kreise die Zahl 8 ein!

2   8   0   8   9   5

8   1   0   4   1   6   8

     9   6   8   4   7

8   7   2   5   3   8   3

8

Die Zahl 9

neun

Wir lernen die Zahl 9 schreiben!

Kreise die Zahl 9 ein!

9 8 9 0 6 9 0

4 5 7 1 5 9 2

7 1 3 3 8 6

9 2 9 9 4 9

Die Zahl 10

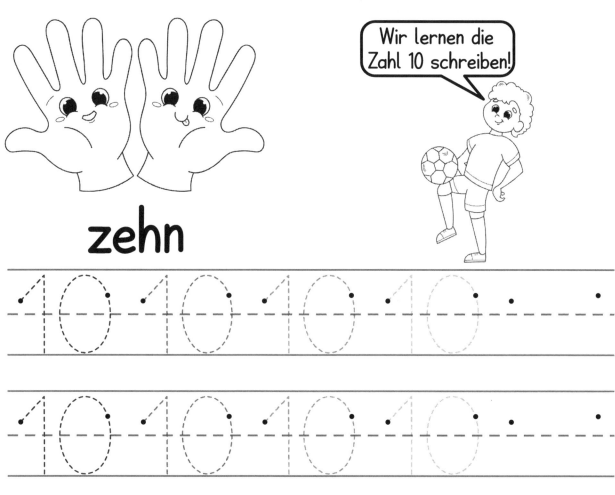

zehn

Wir lernen die Zahl 10 schreiben!

Kreise die Zahl 10 ein!

10 5 4 10 10 7
   9   2   4   6
5   10   3   8   7 10
9   4 3 2 5 6
  10   10 8

Hier kannst du schwierige Zahlen nochmal wiederholen!

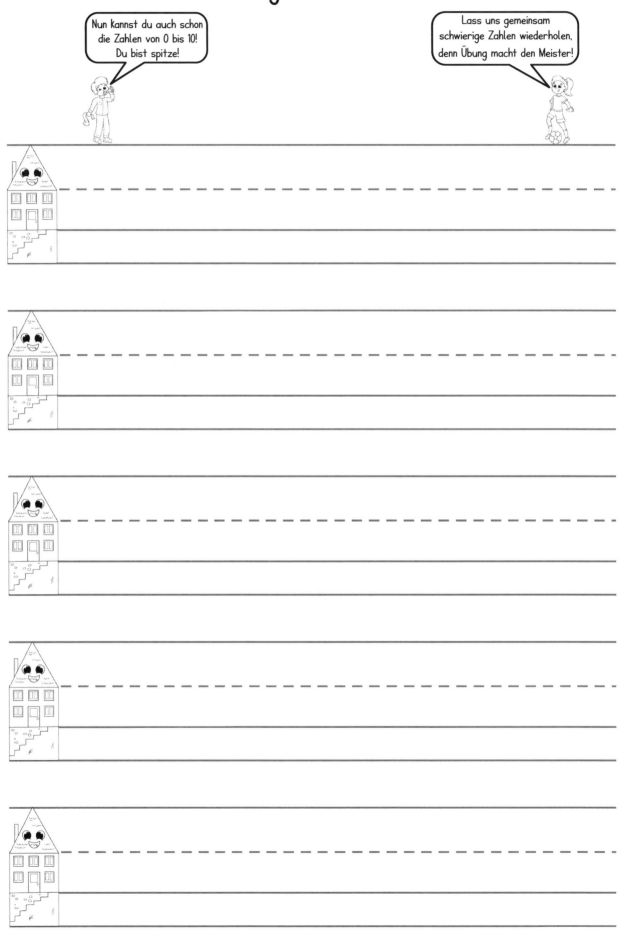

Wie viele Fußballer kannst du zählen?

Ich zähle_____ Fußballer.

Wie würde dein Fußballtrikot aussehen?
Gestalte dein eigenes Trikot!

Wie viele Bilder kannst du zählen?
Kreise die richtige Zahl ein!

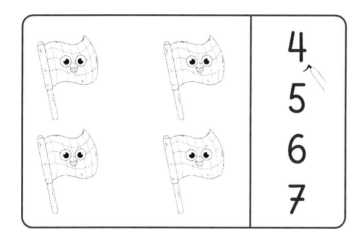

4
5
6
7

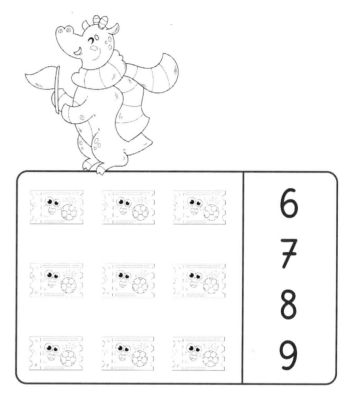

6
7
8
9

7
8
9
10

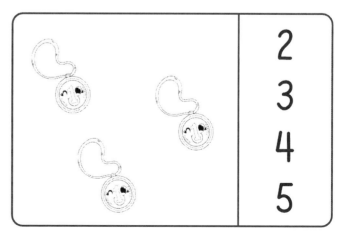

2
3
4
5

Alle Bilder haben etwas gemeinsam, nur ein Bild passt
nicht zu den anderen!
Kreise das Bild, welches nicht passt ein!

Wie viele Bilder kannst du zählen?
Kreise die richtige Zahl ein!

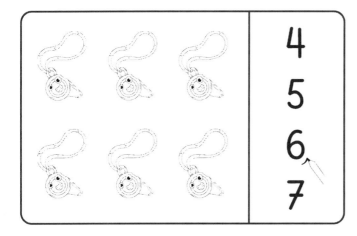

4
5
6
7

2
3
4
5

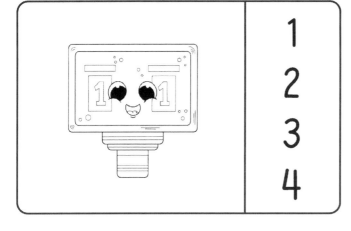

1
2
3
4

6
7
8
9

Wie viele Fußballerinnen kannst du zählen?

Ich zähle_____ Fußballerinnen.

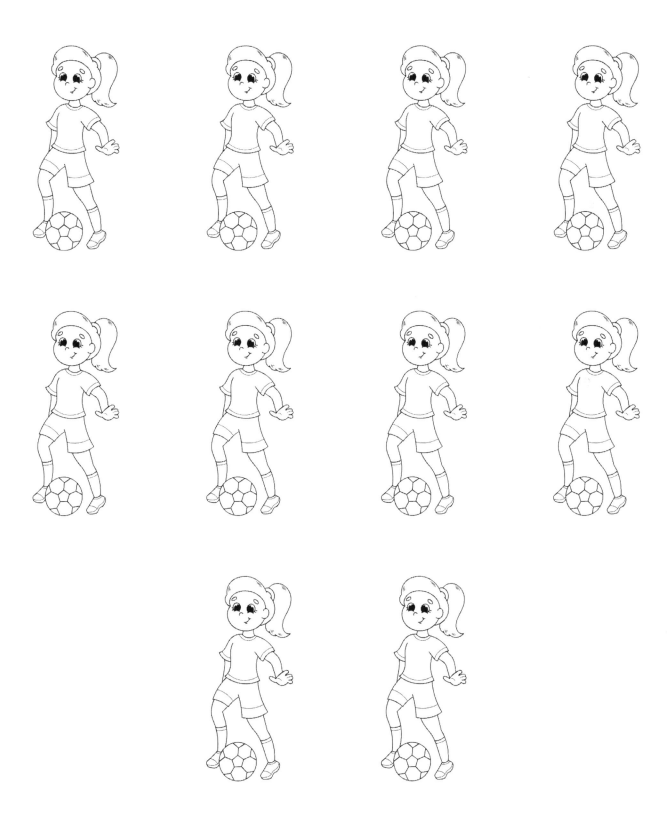

Welche Tiere spielen Fußball?
Male alle Tiere mit einem Fußball bunt aus!

Verbinde die Bälle der Größe nach!
Beginne mit dem kleinsten Ball!

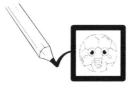

Löse das Zahlen-Labyrinth!
Starte bei der Zahl 1 und finde den Weg zu der Zahl 10!

1	8	6	1	3	2	7	4
2	3	10	6	2	5	6	2
7	4	8	4	4	3	9	6
9	5	6	10	3	9	1	7
1	3	7	8	5	2	5	1
7	8	4	9	2	8	6	3
10	1	5	10	7	9	10	6

Ordne die Bilder der Größe nach von 1 bis 3!
Beginne mit dem kleinsten Bild!

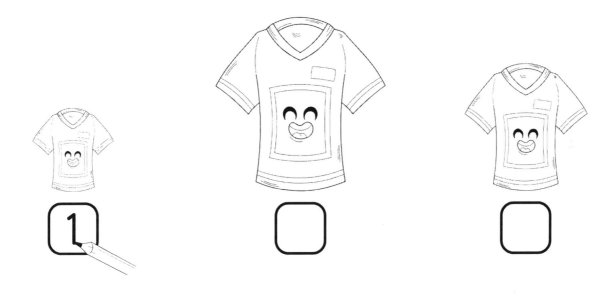

Die untere Reihe sieht anders aus als die obere Reihe!
Kreise den Fehler in der unteren Reihe ein!

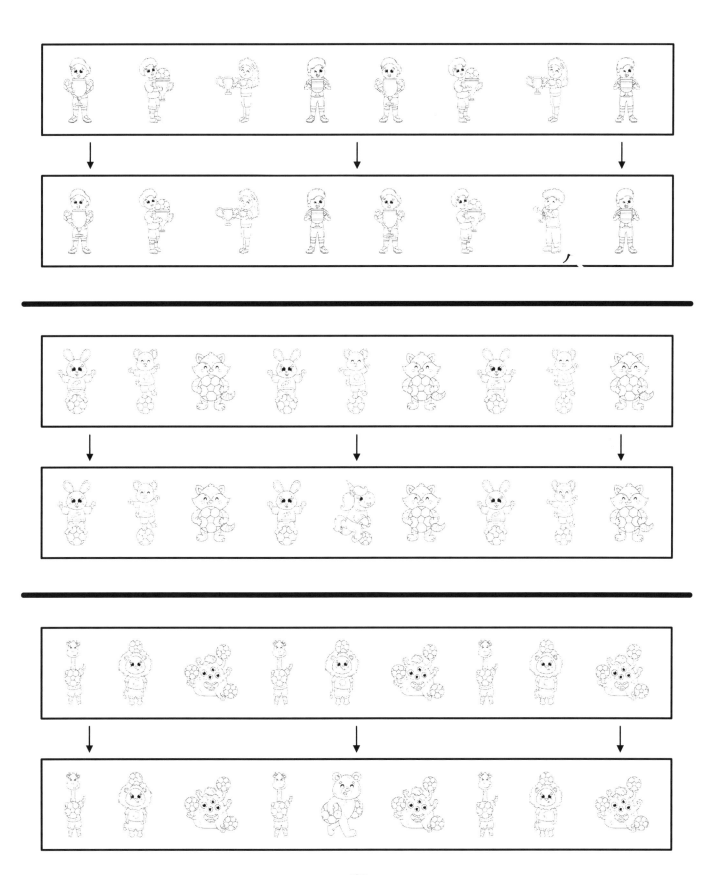

Wie viele Bälle kannst du zählen?
Schreibe die richtige Anzahl in das Kästchen!

Lösung:

Wie viele Streifen haben die Trikots?
Verbinde die Trikots mit der richtigen Zahl!

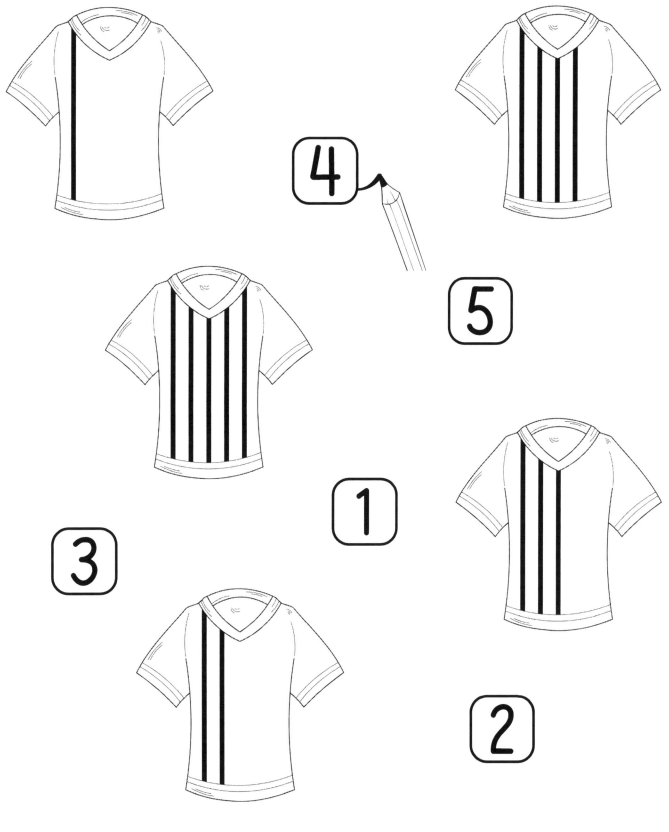

Kreise in jeder Anzeigetafel die größte Zahl ein!

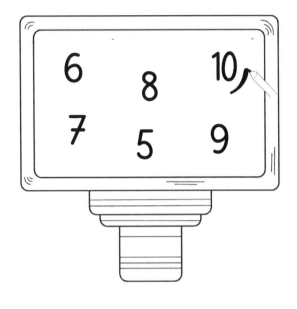

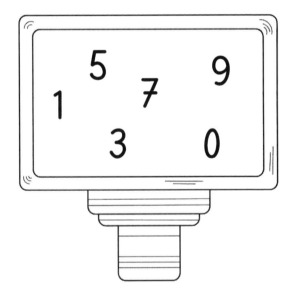

Zähle die Finger und verbinde 2 gleiche Hände miteinander!

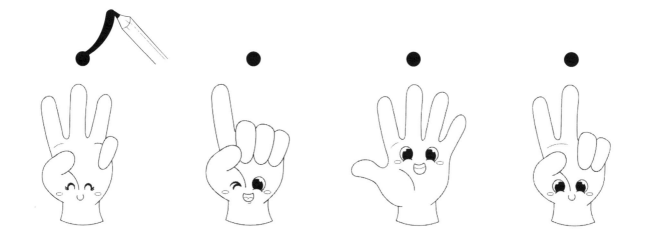

Welche Zahlen fehlen in den Zahlenreihen?
Schreibe die fehlenden Zahlen in die Kästchen!

| 1 | ☐ | 3 | 4 | ☐ | 6 | 7 | ☐ | 9 | 10 |

| 1 | 2 | 3 | ☐ | 5 | 6 | 7 | ☐ | ☐ | 10 |

| 1 | 2 | ☐ | 4 | 5 | ☐ | 7 | 8 | ☐ | 10 |

| ☐ | 2 | 3 | 4 | 5 | ☐ | 7 | 8 | 9 | ☐ |

| ☐ | 2 | ☐ | 4 | 5 | ☐ | 7 | 8 | 9 | 10 |

| 1 | 2 | 3 | 4 | 5 | ☐ | ☐ | ☐ | 9 | 10 |

Welcher Spieler schießt in welches Tor?
Verbinde richtig!

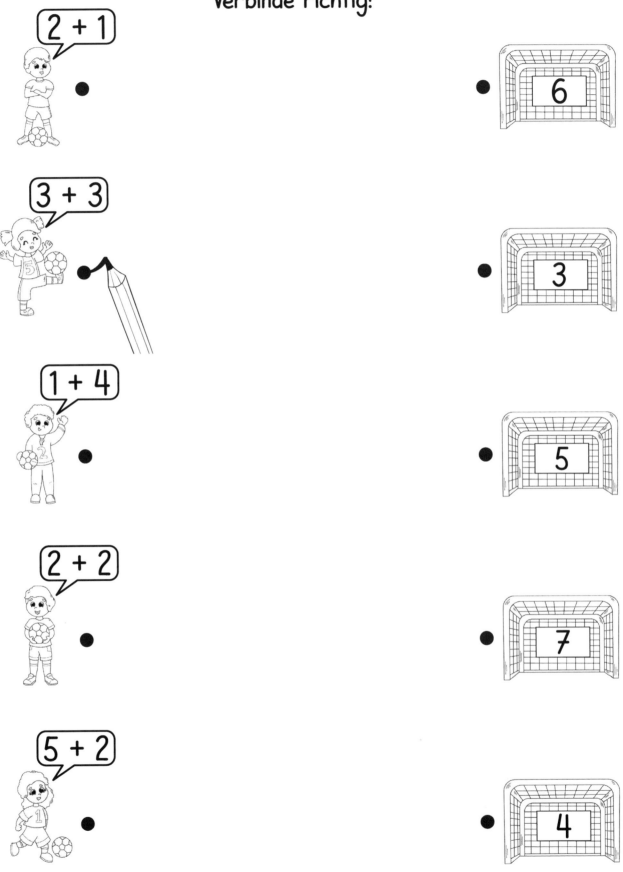

Kannst du die Zahlen in die richtige Reihenfolge bringen?

1 – 2 – 7 – 3 – 6 → 1 2 3 6 7

4 – 2 – 3 – 8 – 10 → __ __ __ __ __

2 – 8 – 3 – 1 – 10 → __ __ __ __ __

5 – 9 – 2 – 6 – 3 → __ __ __ __ __

4 – 5 – 2 – 3 – 9 → __ __ __ __ __

Im linken Haus findest du ganz viele Zahlen!
Trage in das rechte Haus die passende Anzahl an Punkten ein!

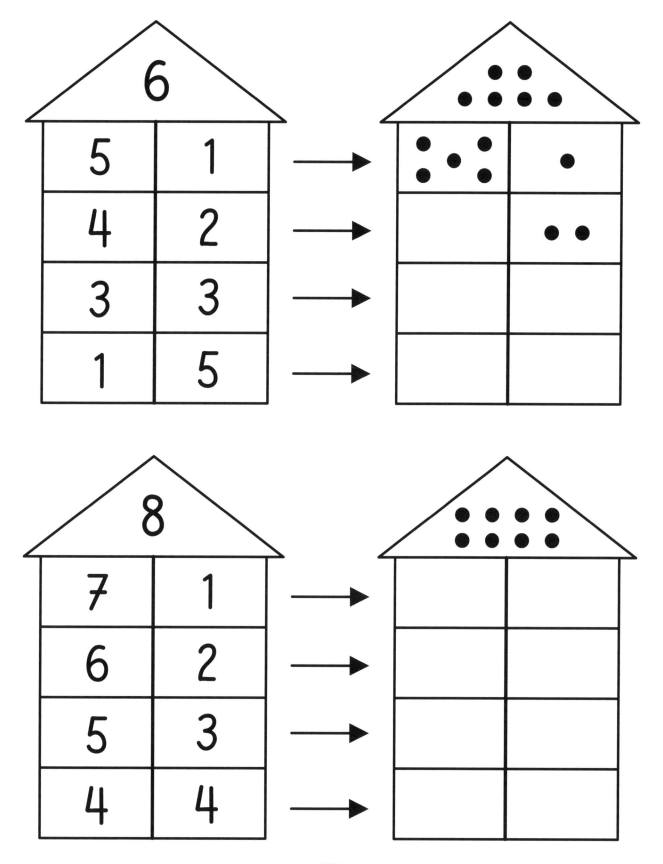

Kannst du die Aufgabe lösen?
Zähle die Bilder und trage die richtigen Zahlen in die Kreise ein!

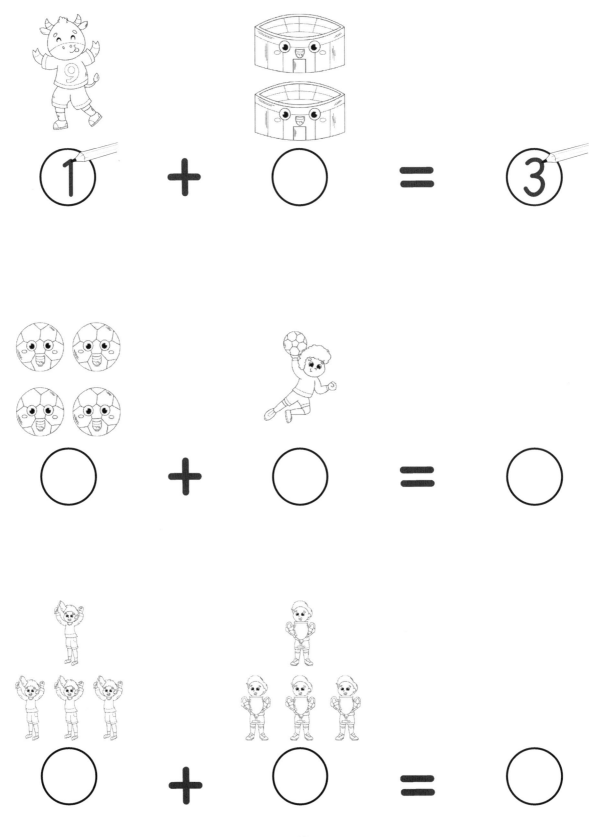

Wir üben das Plusrechnen!

$1 + 1 = 2$

$1 + 6 = 7$

$2 + 4 = \square$

$2 + 2 = \square$

$3 + 2 = \square$

$3 + 1 = \square$

Kannst du mir helfen, die Aufgaben zu lösen?

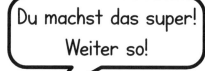
$4 + 4 = \square$

$4 + 3 = \square$

Du machst das super! Weiter so!

$5 + 4 = \square$

$5 + 1 = \square$

$6 + 2 = \square$

$6 + 1 = \square$

Kannst du die Aufgabe lösen?
Zähle die Bilder und trage die richtigen Zahlen in die Kreise ein!

Wir üben das Minusrechnen!

6 – 5 = 1

5 – 1 = 4

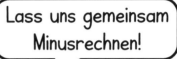
Lass uns gemeinsam Minusrechnen!

3 – 2 = ☐

4 – 1 = ☐

6 – 3 = ☐

2 – 1 = ☐

5 – 3 = ☐

5 – 2 = ☐

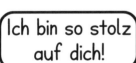
Ich bin so stolz auf dich!

4 – 3 = ☐

3 – 1 = ☐

6 – 2 = ☐

6 – 4 = ☐

Nachschub gefällig?

Weitere unserer Beschäftigungsbücher findest du unter

„Lilly Wiesmann" auf Amazon!

Schlusswort

Ich hoffe, ich konnte Ihrem Kind und Ihnen mit diesem Buch eine Freude bereiten

und ich danke Ihnen von Herzen, dass Sie dieses Buch gekauft haben!

Ihre

Lilly Wiesmann

Wir würden uns sehr über eine Bewertung auf Amazon freuen!

ISBN: 978-3-98724-080-5
1. Auflage 2023
©2023 – LernLux Verlag
Vertreten durch
Hannes Rückert
Heuweg 19b
18437 Stralsund

Haftungsausschluss

Die Inhalte wurden mit größtmöglicher Sorgfalt erstellt.
Der Herausgeber übernimmt jedoch keine Gewähr für Richtigkeit und Vollständigkeit der hier befindlichen Informationen sowie bereitgestellten Inhalte.

Printed in Poland
by Amazon Fulfillment
Poland Sp. z o.o., Wrocław

27375825R00078